Poesia Original

Para salvar a alma de uma poeta

LAINARA

poemas

1ª edição, São Paulo, 2024

LARANJA ● ORIGINAL

A beleza de tudo isso é que ela estava tão perdida que parecia guiada.
Clarice Lispector

SUMÁRIO

A poeta que habita em mim **9**

Meio humana que sou **27**

Disse-me a poeta **51**

Meio humana, meio poeta e um coração para cada metade. Eu sinto tudo em dobro **67**

A POETA QUE HABITA EM MIM

Eu não aguento mais sentir
e toda vez que não aguento mais sentir
eu vou lá e escrevo
só que escrever é como sentir duas vezes:
uma ao bater do coração
outra ao bater da caneta
que escreve palavras que me batem
e como dói

Como diminuir a dor do mundo em mim,
se eu estou no mundo e também sinto que ele me é intrínseco?

Eu deveria colocar todo esse sentimento num papel. Me falta tempo e me sobram palavras. E quando finalmente escrevo, sai tudo errado. Choro palavras e escrevo lágrimas. E a folha de papel fica como? Igual a mim,

destruída.

Sufixo

Eu me apaixonei apenas uma vez
E sigo apaixonada
        – nado para não me afogar nesse amor

Fingindo não perceber
que estou evitando escrever
com medo do meu próprio sentir

Fingindo não sentir
para não ter que escrever
e depois lidar com a prova
do que se passa em mim

– Bloqueio criativo

E quando não se tem mais nada para dizer, eu choro em silêncio. Mas o meu silêncio diz muito. Eu só não sei traduzir o barulho.

– O silencioso gotejar das lágrimas

Blábláblá de cada noite

Porque é de madrugada que meu coração acorda
e ele não bate, escreve.

Às vezes, fujo até das minhas próprias palavras
mas aí quando eu vejo já estou escrevendo
escrevo sobre a fuga
eu entro por uma rua
mas era sem saída

– Tentei fugir de mim

Deixo essa dor me ser útil pelo menos enquanto eu crio
depois de umas linhas, eu sigo como se nunca a tivesse sentido
ué, não é assim que se vive? (Estou bem, obrigada)

– Resposta automática

Tentar arrumar a casinha interior é a coisa mais inútil na vida de uma poeta. A gente se encontra quando tá tudo bagunçado mesmo. Não adianta querer formar palavras se as letras estiverem em ordem.

– (des)ordem alfabética

Como pode doer tanto
uma ferida que eu não vejo?

E todo esse sangue
que mancha a minha alma,
eu achei que fizesse parte do meu corpo
e não que estivesse vazando dele

– Quando a alma dói

Asfixia

Às vezes, me pergunto como deve ser maravilhosa a mente de uma não-poeta pelo simples fato dela parar. Imagina que legal não ficar matutando sobre cada coisa que passa pela sua cabeça? Meus olhos pousam sob uma árvore, sob o pôr-do-sol, sob qualquer cor imersa nesta cidade cinza e esse encontro já é o suficiente para eu começar uma aquarela de pensamentos.

Dizem que poetas tendem a ver tudo por uma perspectiva diferente – é como se o poeta tentasse ler o mundo, mas não conhecesse seu idioma. Eles querem ver além do que se mostra, ver o que nunca foi visto. Porque para um poeta sempre existe algo a mais, um significado oculto e, por isso, ele espera. Espera para ver pela segunda, terceira, quarta vez, até que ele realmente veja.

Dizem que o poeta dá significado para tudo, mas tudo sempre esteve ali. A diferença é que o poeta, além de ver, sente. É por isso que, toda vez, da minha tentativa de parar de pensar, já nasce o próprio pensamento. E eu, com essa mania de poeta, escrevo. Escrevo o que penso. Escrevo porque penso. Dizem também que algumas pessoas se sufocam com a aquilo que não foi dito mas, se você for poeta, sabe que o que te sufoca mesmo é não ter escrito.

É horrível demais me trancar nesse sentimento
e sangrar tudo o que tenho que sangrar
até que eu tenha tinta o suficiente para escrever

Criar com a própria dor
será essa minha maior prova de amor

Me dói me ser
até que entendi quem eu era
ser escritora-poeta é assim mesmo

A vida dói porque não me basta uma
eu vivo várias
e sinto tudo
cada pedaço de vida
eu enxugo
até ficar molhada
encharcada
nas lágrimas
que eu nunca chorei

– A gota d'água sobre a ferida recém-aberta

Para salvar a alma de uma poeta

É como se eu tivesse sido enviada ao mundo dos homens
em um corpo onde não cabia a minha alma
eu estava o tempo todo querendo transcender
era um esforço ocupar só o espaço que me foi destinado a
[existir
quando eu já não mais cabia ali
eu nunca coube
eu sempre soube
que um dia ficaria apertado demais pra mim

Eu nasci
vivi entre humanos
vivi como os humanos
me apaixonei (minha experiência de quase morte)
conheci a dor e o amor
conheci a dor do amor
e entendi que os dois andam quase sempre juntos
pois amar também é risco, é riso e tudo

Parece que já vivi cada aspecto dessa breve existência
e que agora só me resta morrer
ou esperar que alguém salve a minha vida
pois já não sei mais ser coração de poeta
nesse corpo humano que me abriga

MEIO HUMANA QUE SOU

Desperta(dor)

Eu estava extremamente preocupada, nervosa, ansiosa. Meu coração chegava a doer às vezes. "Crise de ansiedade" – eles disseram. O que exatamente seria isso? Não sei dizer. Seria um problema da mente ou do coração? Talvez alguma coisa entre os dois.

– Aqui é o coração da cidade! – alguém que passou apressadamente pela menina disse, ao perceber seu olhar desconcertado

Coração da cidade?
ela associava coração aos sentimentos e à vida
e aquilo parecia ser exatamente o contrário

As pessoas estavam dentro de edifícios,
como se não tivessem a opção de sair
tinham o ar de cansaço
presas em seus cubinhos
– que eram as janelas pelas quais dava para vê-las trabalhando

Eram tantas janelas
uma do lado da outra que
vistas de uma distância maior
pareciam grades

As pessoas tentavam convencer a menina a se juntar a eles
mas ela não queria
sentia que se o fizesse
alguma coisa ficaria para trás
talvez a sua leveza

*A garota tinha em si
uma serenidade que ninguém ali possuía,
provavelmente, porque era a única que não pertencia àquele lugar
e, a verdade, é que ela não queria pertencer*

*Muitos diriam que frequentar aqueles altos edifícios,
pendurar seus crachás no pescoço
para mostrar que se tem acesso àqueles prédios
e ostentar seus cargos naquelas empresas
seria o que chamam de
"ser bem-sucedido",
mas, não para a menina que via tudo ao contrário*

*Um dia, em uma de suas viagens,
a garota conheceu uma cidadezinha do litoral norte
ela nunca tinha visto um paraíso como tal*

*Era um vilarejo
casas pequenas e aconchegantes se enfileiravam
não tinham muros, nem portões em volta delas
só portas de madeira
e quase todas estavam abertas
para que um pouco daquele ar sereno pudesse entrar*

*Como o vilarejo ficava a apenas alguns metros da praia,
as ruas eram pequenas e estreitas
e o chão todo de areia*

*Poucos passos à frente do emaranhado de casinhas,
estava o mar
sua imensidão permeando o pequeno vilarejo*

e um pôr-do-sol alaranjado
daqueles que poderiam iluminar o mundo todo

Ao andar em direção à orla,
a garota viu um senhor saindo de sua casa
ele tinha a coluna meio curvada,
talvez pelos 80 anos que carregava nas costas

Caminhava em direção à praia
com a tranquilidade de quem não tinha pressa para chegar
seus passos eram curtos
e ele avançava com dificuldade

A garota desejou poder passar uma tarde conversando com aquele
[senhor
só para saber como seria uma vida inteira vivida ali
um paraíso que ela acabara de conhecer
mas que já não queria abandonar

Ela tinha certeza, ele era um cara bem-sucedido
aquele vilarejo inteiro
a grandeza em toda aquela simplicidade
era a sua definição de sucesso
nada poderia valer mais do que a paz daquele lugar
nada...

De repente, a garota foi arrancada dessa vaga lembrança por uma música que começou a tocar e, aos poucos, foi ficando mais alta. Seria um sino? De onde vinha aquele barulho? A menina olhou pra cima, a canção parecia vir do alto. Ela buscou pela origem do som, mas não encontrou. Então, tudo começou a girar. Ela estava no meio da cidade, mas depois não estava mais. A música continuou tocando... Um baque! Tudo ficou preto. Eu acordo.

A garota que via tudo ao contrário percebeu que ela só vivia de verdade enquanto dormia. Triste, mas é que a realidade estava real demais. E toda vez que a acordavam, ela pedia mais cinco minutinhos. Ela só queria mais um pouco de *son(h)o*.

Quem é livre?

Li uma frase em um livro da Clarice Lispector que se aplicou a mim exatamente como quando se tira um versículo bíblico daquelas caixinhas de surpresa. A frase dizia "Só a liberdade permite a criatividade". Li aquilo e fui atingida de tal maneira que pude sentir o estalo acontecendo na mente. A mensagem chegou em um dia de total impaciência, no qual eu saí de casa pensando na hora em que estaria de volta, contando os minutos apenas para poder criar, para poder escrever. Havia tanto a ser dito, ideias e pensamentos que somem a partir do momento em que eu cruzo a porta de entrada do escritório e sou imersa pelas suas paredes bloqueadoras de qualquer sinal de criatividade.

Essa frase traduziu um sentimento que carrego há muito tempo. Ela explica toda a minha apatia pelo sistema, o porquê de eu associar os escritórios às gaiolas e as janelas às suas grades. Liberdade é justamente o que eu não tenho.

Neste momento, eu queria estar lá fora, sentindo o calor de um fim de tarde ensolarado, com o vento bagunçando meus cabelos e observando o balançar das folhas das árvores. Mas, tudo o que eu sinto agora é o gélido do ar-condicionado e a única luz que me alcança é a da tela do computador. E a frase do dia ainda ecoa na minha cabeça e me faz questionar: se a liberdade permite a criatividade e criatividade eu já tenho, como é que eu me permito ser livre?

Eu tenho um corpo
mas sinto como se eu fosse inteiramente alma
minha alma dói
mas a cura só age onde eu sou inteiramente corpo

Por que meus dedos só conseguem tocar minha superfície
se sou como a vastidão dos oceanos?
há mares aqui
há amores também
imensidões

Eu só queria mergulhar em mim mesma
e atingir o fundo
para assim
poder me salvar
pois do último mergulho
eu não voltei

Meu relógio sem ponteiros

Tic tac, tic tac
meu relógio digital nem faz esse barulho
mas na minha cabeça esse som ecoa
como se aguardasse pela explosão do mundo

Tic tac, tic tac
do tempo que não passa quando eu queria que passasse
o mesmo que não se demora, quando eu queria que parasse

Tic tac, tic tac
é uma questão de tempo
que me leva quando eu quero ficar
e que me prende quando eu quero deixar

Deixar aqui, deixar pra lá
deixar passar, deixar tardar
deixar o relógio em algum lugar
que me faça esquecer de ver o tempo passar

Estou arrancando as folhas do calendário
espero por algo, mas não sei o quê
tão ansiosamente vejo os minutos passarem
que a minha vida também passa e eu vivi o quê?

Como se fôssemos máquinas
eles nos cobram para funcionar como se fôssemos máquinas
sorte das máquinas
que pelo menos têm o direito de quebrar
e ainda ganham conserto
pois quando eu quebro me perguntam:
"por que você não está produzindo direito?"

Então eu reúno os meus pedaços
mas não consigo mais ser inteiro
se pelo menos eu fosse máquina
eu poderia ter defeito

Mas eu não sou
não estou sendo
nem humano nem aparelho
talvez algo meio a meio
um improvável invento

Meu coração é envolvido por aço e alumínio
os parafusos que unem os meus pedaços sangram
e eu grito
à procura de um exílio
Só estou tentando não endurecer também
por dentro

Vestindo quadrados

É um verdadeiro cubo mágico cujas cores nunca irão se encaixar

– Código do vestido

Inspira
expira
eu nunca tinha pensado na respiração como algo que me
[desse
ou me tirasse a vida
até aquele dia

Inspira
expira

Tentando fazer meu coração se acalmar
tentando recuperar o meu ar
mas quem o roubou?
desde quando pequenos passos exigiam tanto esforço?
desde quando perdi o ritmo e o meu próprio corpo?

A sequência solo eu levei a sério demais
estatelada no chão
percebi que não era capaz
nenhum movimento a mais

A minha cabeça girava
mas eu estava parada
parada há muito tempo
sentindo que a força
e a falta
vinham de dentro
alimento

Inspira
expira

Pausei a música
até que a única batida era a do meu coração
totalmente descompassado
perdi o fôlego tentando achar os passos
mas não há música que faça dançar
um corpo que deixou de ser lar
(meu lar)

– Culpa

Quando tento tocar minha sensibilidade
eu acabo me ferindo
pois não pode ser tocado
este coração partido

Quando tento descrever isso que sinto
e por vezes não consigo
percebo que há mais perigo nisso
do que a queda livre num abismo

Cair dentro de si
pode ser desnorteante
é preciso ao menos ter passado
por alguns espelhos antes

É preciso saber o caminho de volta
e levar algumas tochas
quando se decide conhecer
a própria escuridão

Ana

Toda vez
que eu passo os dedos
pelos ossos
das minhas costelas
eu peço perdão
ao meu próprio corpo

Toda vez
que a minha barriga ronca
e eu ignoro o alerta
eu peço perdão
aos que sentem fome
porque têm tão pouco

E o pior é saber
que é tudo em vão
porque toda essa culpa
não me ajuda em nada

Não sei como fazer
para ser mais leve
quanto menos eu como
mais eu fico pesada

Maldito espelho
que sempre me seduz
eu não sou o que ele mostra
eu só perdi minha luz

Mas ainda que na escuridão
ainda que meus ossos doam
enquanto eu finjo que não
ainda assim
meu coração bate

E essa leve frequência
lembrete da minha existência
é o suficiente
para que eu me resgate

Não foi ontem
e não vai ser hoje
que eu vou deixar
que isso me mate

Amo quando estou diante da imensidão do mundo
porque é diante dessa imensidão que percebo
o quão pequena sou

E é diante dessa mesma imensidão que eu vejo
o quão grande Ele é
e nesse momento eu me reconheço

É como se,
mesmo diante de todo o infinito,
eu conseguisse encontrar espaço para me achar

Existe espaço demais no espaço
e lá eu não me perco
eu me acho

– *Eu sou parte do infinito*

Voar
Não é sobre partir, é sobre ir
vê como soa diferente?

Preciso procurar um lugar
ao qual eu pertença
e não é ficando parada onde estou
que eu vou chegar lá

Ir e vir,
desde que isso me movimente
mas, aqui, imóvel
não dá mais

Eu sei,
corro o risco de me perder
posso não encontrar o meu lugar
mas, preciso me permitir,
arriscar

É como se eu fosse um pássaro
com asas quebradas
não me contento com a vista segura
de dentro de uma gaiola
eu não suporto essas grades
eu só quero arriscar um voo,
mesmo sem saber voar

Eu sei,
é um risco
e se tem uma coisa que tenho certeza

é que riscos são mais interessantes
do que ficar nesse círculo vicioso

Na minha vida, parecia que às vezes nada fazia sentido. Mas, quando fazia, era de uma forma tão absoluta, que era desnorteante tudo fazer tanto sentido assim.

– Sent(ir)

(Re)nascimento

Ah as reflexões de final de ano...

É engraçado como começos e fins também nos partem.
A gente divide o tempo e o tempo nos divide
– *entre o que éramos e o que estamos determinados a ser.*

É como se nascêssemos a cada ano novo.
Conseguimos enxergar 12 meses de novas oportunidades,
todo um futuro ao nosso alcance.

Queria ter entendido antes que eu não precisava esperar um ano inteiro para mudar. Queria ter entendido antes que essa energia contagiante da virada, na verdade, está lá todos os dias, a cada amanhecer.

Levou um ano para que eu pudesse perceber quanta vida existiu ali e que eu não precisava ter esperado 365 dias para (re)começar.

Foi o que esse último ano significou para mim, uma lição.
Daquelas que você erra e apaga, erra e apaga
– *a folha já está quase rasgando, toda amassada*
mas você não arranca para começar outra nova, *você fica estagnada naquele mesmo rascunho.*

Passei o ano esperando por algo melhor.
Esperei por um novo emprego porque tinha certeza que eu não pertencia ao lugar em que estava.
Deixei que os outros me dissessem quem eu era, até chegar ao

ponto em que eu mesma já não me (re)conhecia.
Eu me perdi.
Cada rótulo direcionado a mim, *eu agarrei como se me pertencesse.*
Eu desaprendi a (re)agir.

Chorei em silêncio e fazendo barulho. O meu peito doeu. A respiração ficou fraca várias vezes.
Eu senti a saúde falhando, mas foi quando não a senti mais que estarreci. *Como vive esse corpo já quase sem mim? Aonde foi que eu me perdi?*

De dia, eu só queria fechar os olhos e dormir, mas à noite, eu nunca estive tão acordada.
Pela primeira vez, o céu noturno *que sempre foi abrigo*, se tornou escuridão.

E mesmo nesse (pesar)delo noturno, eu não queria os remédios para dormir. Se eu dependesse deles, *estariam os remédios me devolvendo à vida ou teria ela sido roubada de mim?* – a vida, pura e límpida como eu conhecia, não precisava de impulso para se fazer existir.

Na psicóloga, eu garanti que não precisava dos remédios. *Teria que ser eu mesma a me resgatar*, mesmo que fragilizada.

Como poderia o meu eu medicado buscar pela minha essência se essa busca fosse feita, não por mim, mas pelo efeito de um remédio sobre mim? – Essa não seria eu. Isso era uma questão de (re)conhecimento.

Eu sabia que era no ápice de minha fragilidade que eu recuperaria a minha força. Eu precisava me olhar no espelho da vida. Eu tinha que me (re)ver. E assim, ao encontrar quem eu era, poderia simplesmente voltar a ser.

Foi difícil, mas foi na virada do ano que percebi que também foi necessário. Este se tornou o ano em que eu (re)nasci – *levou 12 meses e não nove* – mas aquele recomeço me fez perceber que eu não precisava mais da dor e que ela já não me pertencia. Mas, eu sabia que ela tinha deixado alguma coisa, *tinha deixado um novo eu em mim*. Alguém que já não precisava de aprovação de outrem para se garantir.

Que besteira que é seguir o caminho livre de obstáculos e se deixar iludir pela falsa sensação de segurança que ele oferece.

Evitar a dor também é evitar o amadurecimento. Eu não falo isso como alguém que passou ilesa por essa experiência, apenas como alguém que quando não aguentava mais entendeu que, ainda assim, é preciso continuar.

Que ainda assim o coração bate, a respiração se mantém e o sol volta a nascer. E nasce com a mesma luz do dia anterior, o qual parecia que eu não sobreviveria.

Esse processo não foi fácil. *Doeu como um parto dar à luz a verdadeira mulher que existe em mim.* Eu literalmente me parti.

Mas, só agora eu vejo: não fui eu quem deu luz a ela, *foi ela que me iluminou.*

DISSE-ME A POETA

"Não"

Uma vida cheia de regras não permite que você realmente viva. Você até precisa seguir algumas para a sua própria segurança, mas cuidado para não transformar sua segurança na sua própria prisão.

– Um conselho da poeta

Asas

Reclamam que você é leve demais
porque queriam como você poder voar
às vezes a má intenção vem disfarçada de vontade de ajudar
cuidado pequeno pássaro
com a transferência de uma carga que não lhe pertence
pode não ser um pedido de ajuda o dessa voz que mente

A altura incomoda a quem nunca saiu do lugar
já você, ao contrário, nunca quis foi ficar
porque sabe que de dentro da gaiola
pássaro não consegue ver
nada além das grades
o horizonte ou o sol nascer

Eles trazem em suas mãos restos de asas cortadas
mas liberdade colada é pesada
não se pode remendar
e numa tentativa frustrada
eles tentam as suas arrancar

Não permita pequeno pássaro
que te moldem ou que te amarrem
você ainda tem suas asas
você ainda tem seus ares

E se...?

Humana: – E se eu me apaixonar por alguém que nunca vai me amar?

Poeta: – Você espera passar

H: – E se não passar?

P: – Você espera morrer

H: – Morrer eu ou o amor?

P: – Boa pergunta...

Ela está doente de amor
não há remédio que sare
não há tempo que passe

Ela se contorce na cama
sacode a cabeça e balança
tenta se livrar dos pensamentos
e o coração calmamente a chama:
Não podes simples humana, se livrar do que se passa aqui dentro

– A persistirem os sintomas o coração deverá ser calado

Band-aid

Ela sempre se doava para tapar os buracos dos outros, mas ninguém percebia que para isso, ela abria buracos nela. Mas ela também não queria que percebessem, ela aceitava a fragilidade dos outros, mas não a dela.

Estas alegrias violentas têm fins violentos...

Humana: – O que acontece quando você se apaixona justamente por quem não pode?

Poeta: – Já ouviu falar de Romeu e Julieta?

H (risos nervosos): – Então é isso? A morte me espera? Porque, talvez não fisicamente, mas amá-lo realmente tem me matado – por dentro e aos poucos. Pelo menos o veneno teria sido mais rápido.

– Por que você, Romeu?

Poeta: – E o que você vai fazer quando ele se casar com a namorada?

Humana: – Não sei, talvez morrer um pouco.

P: – Não seja tão pessimista. Sabe, você pode encontrar a cura de diversas formas. E, às vezes, sofrer também é curar.

– Processo

Coração de vidro

Poeta: – Oh humana, quantas vezes eu te disse que esse mundo não te merecia. Quantas vezes eu te expliquei que a frieza era para sua própria proteção.

Humana: – Algumas?

P: – Agora, olha só, você está aí quebrando a cara de novo. Eu disse!

H: – Lá vem você com esse insuportável "eu disse!"

P: – Não, não é vingança. Eu não estou tentando jogar na sua cara um "eu te avisei"

H: – Mas é isso que você está fazendo...

P: – Eu só quero que você entenda, pode parecer muito frio, muito rígido, mas é para sua própria segurança! Agora você fica aí, com essa cara de chorona, com esse coração quebrado na mão.

H: – Fazer o que, né?

P: – Você precisa cuidar dele, para que não se estilhace mais, porque quebrado nós sabemos que já foi e eu não sei quem sofreu mais: você com os pedaços na mão ou eu tentando colar tudo de novo, trazer você de volta.

H: – Na verdade, eu sinto como se eu nunca tivesse voltado.

P: – Mas você está aqui, ainda que não se reconheça. Sabe, é como uma frase que li e me lembra você. Dizia: "você espera demais dos outros porque tem um coração puro, que de tão puro sofre". Essa frase é quase um DNA seu, humana, de tanto que ela te descreve.

Humana: – Eu amo escrever

Poeta: – Então por que você não faz o que ama?

H: – Justamente porque eu amo. E amar tem me machucado tanto, que eu não tenho sentido vontade de escrever, porque escrever também é reviver a dor.

Don't forget to hold back your thoughts and live like robots
Não se esqueça de conter seus pensamentos e viver como robôs

Poeta: – Cada dia uma máscara diferente.

Humana: – Uma mais feia que a outra?

P: – Não, uma mais falsa que a outra. Jamais será uma máscara bonita, pois não caberia beleza em tanta falsidade.

H: – Pra que me atacar assim de graça?

P: – Eu sei, parece exagero, mas não é. É sobre estar em um lugar onde você não se (re)conhece, me entende? É sobre criar uma personagem apenas para (sobre)viver. Porque você acorda e vai lá. Você não quer ir lá, você não gosta de lá. "Lá" é o lugar onde você não quer estar.

H: – Eu sei...

P: – Mas, você continua perdendo seu tempo indo lá todos os dias, colocando a máscara todos os dias, porque de outra forma você não aguentaria. Tem que ter a máscara.

H: – Mas, até elas parecem estar cansadas. O que fazer quando nem as máscaras aguentam? Vestir a fantasia completa? Porque é tudo tão ensaiado, literalmente robotizado. Botão liga e desliga, sabe? Você entra lá e desliga o cérebro. Ou desliga o bom senso, ou desliga a autonomia. É entrar lá e deixar de ser você. Você se desliga, sabe?

P: – Sei.

H: – Não, você não sabe, porque alguém apertou o botão "ligar-comportamento-robótico-o-qual-eu-odeio-mas-sou-obrigada-a-fazer" e pronto! Robozinho em cena: faz isso, faz aquilo, liga isso, desliga aquilo, seja idiota! Quer dizer, mais idiota! Mais um pouco, não está sendo idiota o suficiente! Você ainda está aqui? Ah, então tá, é idiota o bastante! Tsc, Tsc...

P: – E cadê a vontade própria? O que te amarra a esse lugar? Você não disse que não iria ser como todas as outras pessoas, ou melhor, como todos os outros robôs? Você cresceu falando que não iria deixar que colocassem o chip em você e olha só, está aí, praticamente uma boneca de ferro.

– Disse-me a poeta *(sem dó nem piedade)*

Querido soldado de armadura,

Queria que você soubesse
que pode tirar essa sua roupa de ferro
e ainda assim
continuará a ser um soldado

Queria que você soubesse
que essa sua proteção não define a sua força
porque ela vem de dentro
a sua armadura apenas aprisiona a sua coragem
pois ao usá-la
você está vestindo-se de medo

Sim, eu tô tentando desconstruir a ideia
de soldado real que lhe foi apresentada
porque aí dentro dessa roupa de ferro
de real você não tem nada

Sei que te ensinaram sobre suas fortalezas
e que te disseram que estar desarmado
é sinônimo de fraqueza e rendição
mas isso é pura fachada
muro de castelo
o mesmo que aprisiona a realeza de viver no mundo real
o real está além dos muros
não apenas em títulos de nobreza e protocolos

Eu sei soldado,
que desconstruir as suas verdades faz você se sentir fraco
eu sei que

sem a armadura
você acredita ser frágil

Mas, na verdade,
isso é um ato de bravura
despir-se assim e estar à deriva de ser atingido
pois a vida de verdade inclui esse tipo de risco

Longe de ser fraqueza,
só um soldado dos mais corajosos
teria coragem o suficiente para se des(a)r(mar)

Eu sei, parece arriscado
mas querido soldado,
eu quero que você se arrisque
porque se você se tornar apenas um risco
contínuo e reto
significa que você deixou de viver

– Querido soldado (c̶o̶r̶a̶ç̶ã̶o̶), quem foi que te treinou? Isso foi um erro

MEIO HUMANA, MEIO POETA E
UM CORAÇÃO PARA CADA METADE.
EU SINTO TUDO EM DOBRO

Segue em meu coração
quando nada mais se sucede
além desta solidão
que insiste em dar-te a mão
e puxar-te para mim
para que quando me vejas
possas também me seguir

Corações partidos ainda amam por inteiro

Como um vulcão
prestes a explodir
eu te conheci

E fiquei como a lava
quente e derretida
diante dos seus pés

– Erupção

In a blink
Em um piscar de olhos

Entre um piscar de olhos
e uma batida do meu coração
foi esse centésimo de milésimo de segundo
foi o tempo que levou
para eu me apaixonar

E agora está levando uma vida inteira
para eu desfazer esse feitiço do tempo
que durou tão pouco
mas que agora dura para sempre

Ninguém me avisou que seria irreversível
ninguém me avisou que menos que um instante duraria mais
[que uma vida
e se eu não tivesse esbarrado no seu olhar eu também não
[saberia
que na janela da sua alma morava a minha

E ainda pude ouvi-la sussurrando
me avisando, me alertando
como se já soubesse que estava amando
ela dizia: "é ele"

Tentei colocar a lágrima de volta
ainda que eu acredite que a vida se revigora
depois de chorar

Mas, aquela lágrima era tudo o que eu tinha de ti
e eu não estava pronta pra te superar
na verdade, eu ainda não estou

Por isso eu choro pra dentro
só pra te manter
em mim

– (in)undação

Uma redoma quebrada

Eu coloquei a mão sob o meu peito
do lado seguro, o lado direito
eu não podia arriscar sentir
a pulsação que você deixou ao tocar em mim

As borboletas eu não deixei que viessem
não reguei as flores para não correr o risco
matei meu próprio jardim, não cultivei nada em mim
então por que o sol ainda alcança aqui?

As minhas rosas são feitas só de espinhos
as pétalas caíram, estão secas pelo chão
aqui nada será florescido
se eu estiver disposta a dizer que não

Então pegue um pouco do meu último suspiro
ouça a última batida do meu coração
é como se a vida fosse me deixando aos poucos
é o que acontece se eu segurar a sua mão

O voo a dois

Justo eu
que sou a favor da liberdade
acabei me machucando com a sua
que é tão extrema
que ver-te livre
significa também
ver-te livre de mim

Justo eu
que acreditei que encontrar uma alma tão leve quanto a minha
nos atrairia nessa conjunta liberdade
pra talvez voarmos de mãos dadas
e nos pertencer
enquanto lá de cima víamos
que não pertencíamos a lugar nenhum
além desse espaço chamado mundo
onde cabíamos nós dois

Não deu certo

Segurar a sua mão apenas nos levou em direção ao chão
numa tentativa mal calculada de pegar impulso
enquanto alguém segura o seu pulso
até não mais pulsar o coração

A queda doeu em você tanto quanto doeu em mim?
a sentença quase que de morte
e nenhuma caixa preta intacta
apenas a mancha avermelhada

de um coração partido
o único vestígio
desse voo de risco
acidente explícito
de te amar

Quando falta uma parte

Porque na sua ausência, eu sinto sua falta
mas o que mais me dói
é o buraco que fica em mim quando você não está
sinto falta de quem eu sou quando estou com você
e tenho medo de não mais saber ser eu
desde que nos tornamos nós

Por onde flores
serei abelha
o sol, o céu, a areia
eu quero ser tudo o que te rodeia
só para poder te tocar
e do meu toque nascer vida
em ti
porque foi isso que você fez aqui
                              (em mim)
– Polinização

E mesmo no meio de todos
eu arranquei o copo da sua mão
e o joguei contra a parede

Os cacos que se espalharam pelo chão
refletem o meu coração
eu só queria que você entendesse

Mas pra você, foi só mais uma crise de ciúmes
pois a cada mancada que dá
usa uma desculpa para tentar consertar
como se fosse simples
como se eu fosse imune

Mas eu não sou
sou como o vidro
depois de quebrado
é pra você
que eu ofereço risco

Eu não estou pedindo uma âncora

Eu queria não precisar desejar que a chuva passasse
nem me preocupar em molhar meus pés
sabe, é tão inútil culpar o mau tempo
só pra me manter num barco já quebrado, água adentro

E se tudo bem aceitar o naufrágio?
não por falta de amor, nem nenhum presságio
apenas por remar, remar, remar
cansaço

Eu fico esperando por condições climáticas favoráveis
e só quando elas veem, me dou conta de que você é a
                                        [tempestade
como fazer o arco-íris vir em meio a essa chuva
se toda vez que ela vem, ela inunda, sem culpa

E meu barco balança pra cá e pra lá
eu tento me equilibrar toda vez, mas não dá
se ao menos eu pudesse parar de remar
eu não precisaria mais desse ar
que eu puxo, procuro
mas no fundo
não há[r]

Eu cansei de ter esperança
mas não consigo me livrar dela
acho que ela me tem

– Posse

Eu não sabia que te amava
até o momento em que precisei me convencer de que não
falhei tanto que eu ri
ri de mim
por puro desespero
porque buscar justificativa para não amar
é o primeiro sinal de que se ama

– Negação

Máquina
teria sido mais fácil ser máquina
do que ser coração

Que quebra mas sempre funciona

Que estilhaça mas reúne os pedaços
(meus pedaços)

Que rasga mas se remenda
(me remenda)

Que mata mas não morre
(me mata)

Quanto tempo será que ainda tenho para (sobre)viver?

Enquanto meu coração bate
eu apanho

– A verdade entre parênteses

Eu não me importei em rasgar minha asa
para costurar a sua
e ver você levantando voo
enquanto meus pés ficavam no chão

Eu não me importei em deixar você ir
e escolher qualquer lugar desse mundo pra chamar de casa
abraçando sua liberdade
enquanto eu abraçava uma foto sua

Eu não me importei porque eu sempre soube
sempre soube que um dia você iria partir
até porque você nunca ficou
você apenas esteve

E eu, filha do desprendimento
juro que vejo e entendo
quem levanta o próprio voo não precisa ser inteiro
a liberdade é o que te completa
ela costumava me completar também
até o dia em que eu me vi sem ti

Quisera eu ter feito um esforço e gritado:
"por favor, fique!"
mas quando você fez do céu o limite
percebi que tudo o que eu amo é livre
por isso eu deixo você ir

– Das mais estranhas formas de amar

Adoro esses amores que não podem ser. Porque é justamente nesse momento que ele o é.

– Por que você, Romeu?

Com a mesma delicadeza
e desafeição
que alguém arranca uma rosa,
perfura-lhe a mão
e ainda assim a mantém
você me tratou

Regar já não adianta nada
deixastes uma rosa desenraizada
com intenção de cuidar dela depois?

Nem a chuva de suas lágrimas
devolveria àquela rosa
a vida que ela tinha
antes de ti

Os espinhos não estão lá à toa
não se usa uma rosa para fazer coroa
porque não se usa uma rosa para ferir

Agora você vê as pétalas pelo chão
culpa-se e segura
em vão
um copo de água em suas mãos

Se eu fosse humana, eu te diria assim:
da próxima vez que quiseres ter um jardim
lembre-se que cuidar
é mais importante que possuir

– Prazer, Rosa

Noitálogo

Humana: – Sonhei com ele!

Poeta: – O que sonhastes?

H: – Nada que faça sentido. O meu sonhar me fez sentir. Mas, se ele soubesse do que sinto, chamaria o meu sonho de pesadelo.

Eu gosto de sorrisos que brilham
e olhos que se declaram
no mais alto silêncio
– detalhes –

Mas,
se você não percebeu isso em mim
alguém me dê um Oscar
ou te dê um coração
um de nós merece um prêmio
por fingir tão bem
(não) sentir

Desequilíbrio
meu sentimento por você
seu sentimento por mim
balança quebrada
desequilibrada
vai pendendo para um lado só
até cair
amar demais mata
quem ama mais morre
a lágrima escorre
luto
amor que morreu
excesso que o matou
que de tanto sentir
virou apenas dor

O adeus mais difícil de dar
é aquele de algo que só se foi
na superficialidade desse plano
mas que permanece intrínseco
em nós

Nós que não desatam
nós que eram laços
mas que depois de nós
não desamarram

– Sobre nós e nós

Contraditório

Se eu contasse que te amo,
acabaria com a nossa amizade
mas não é justamente a amizade que sustenta o amor?

De todos os infinitos eu escolhi esse aqui
justo o que foi capaz de me destruir
como Saturno, todos os meus pedacinhos resolvem te rodear
nessa falta de órbita, eu giro sem parar

Eu sou o anel que você não se desfez
e guardou no bolso daquela camisa xadrez
blusa despreferida esquecida no fundo do seu armário
lembrete de uma briga e de um coração quebrado

Se ao menos você se desfizesse do anel...

Destrua os vestígios da nossa história
jogue esse anel fora
atire-o no chão e acerte o núcleo da Terra
desequilibre a atmosfera
a ponto da gravidade subir e derrubar o anel de Saturno
se for possível acontecer isso com o mundo

eu me rendo
nem luto
deixo de lado
esse orgulho
digo que te amo
a pulsos
irás me ouvir
eu juro

Mas enquanto isso:
Saturno tem um anel
e eu não

– Aliança

Querido Romeu,
pudesse você ser meu
e não um simples prefixo
que se junta a tudo
menos a mim

Engraçado
eu queria estar falando de gramática,
mas não é simples assim
incrível a quantidade de coisas
que um hífen é capaz de destruir

– Seu nome é meu inimigo

Guia-me nesta dança sem ritmo
pegue a minha mão para que a música comece a tocar
é como se tivéssemos nossa própria trilha sonora
apenas por você me segurar
é como o destino comemora
por ter juntado mais um par
que foi feito pra ficar

– Você e eu

Duplo sentido

As vias duplas são perigosas
e sentimentos também se atropelam
eu só quero uma faixa de pedestre
e uma via de mão única

Mas, a única faixa que eu tenho
é a linha tênue
entre o ódio e o amor
e dos dois lados
eu corro o risco de sentir dor

Ressaca

Eu acordei com um aperto no peito
e um nó na garganta
já ouviu falar de ressaca de amor?

Só consumi uma dose de dor
na verdade, duas ou três
necessárias para essa embriaguez
de uma noite inteira sobrevivendo
a ver você procurando sedento
por qualquer outro alento

Agora eu que me embriago
nessa dor do descaso
de ser deixada de lado
e meus olhos borrados

Enquanto vocês
com seus copos blindados
vazios de sentimentos
mas cheios de álcool

Você já sentiu medo das pessoas que te fazem sorrir instantaneamente? Medo de que a ausência delas tire seu sorriso com a mesma facilidade?

– Sorr(indo)

A primeira lágrima que eu derramei por sua causa tinha o peso de um dilúvio. Acho que eu segurei a chuva por tempo demais.

– O fim da seca

Eu continuo perdendo pessoas que nunca tive.
E ainda assim, dói.

Tentei simbolizar a morte desse sentimento
me vesti toda de preto
mas estava mais escuro por dentro
vermelho sangue
hemorragia interna
veneno escorrendo
e facada no peito
poderia ser Romeu e Julieta
mas era só eu

– Luto

Como deixar você ir
sem que uma parte minha também se vá?
porque por todo esse tempo
nós éramos um só
e agora,
como nos separar
sem que eu me torne metade?

– Fração

O Teorema

Que bonita é a saudade
que compete com o amor
você não sabe se mais ama
ou se mais sente dor

Tão estranho carregar
esse duplo sentimento
a mesma dor que te consome
se transforma em seu alento

Me explica essa fórmula, sem usar um teorema
sem gráficos, nem tabelas, nenhum tipo de esquema
existe matemática que resolva o meu problema?

Se letras são usadas como números
se é possível calcular o valor de X
se eu pegasse todos os corações do mundo
e te amasse com todos os pulsos
que valor você daria para mim? *(Não, eu não estou falando de*
[números)

Como te esquecer
se toda vez que eu tento, penso:
"deixa eu lembrar só mais um pouquinho
para compensar pelas horas
em que fingirei ter esquecido"

– Backup

Humana: – E eu tenho medo.

Poeta: – Essa frase por si só é uma destruidora de sonhos...

H: – E, na minha situação, não sei o que corre o risco de ser destruído: meu sonho ou minha realidade inventada. Se eu vivo numa realidade inventada, ainda assim pode ser real? Ou de realidade não tem nada?

P: – Não sei. De volta ao medo?

H: – Como eu tenho medo! Tenho medo de amá-lo tanto assim, tenho medo de não poder tê-lo, tenho medo de perdê-lo.

P: – Perder o que você não tem... Isso é o que me assusta!

H: – Mas, o meu maior medo é o dessa falta de equilíbrio. Meu amor não pode ser medido. No universo talvez ele ocupe várias galáxias, que de tão grande vão se colidir e formar mais uma e meu amor vai se espalhar por lá também. Tenho medo desse infinito, medo dele se sufocar com todo o amor que eternizo. Tenho medo dele enjoar de mim.

P: – Igual a brigadeiro, que é a melhor coisa do mundo, mas seu excesso causa uma forte dor de barriga? Desculpa a referência infantil...

H: – É. Medo de que na impossibilidade possível de ter o amor dele, eu o perca entre o meu. Tenho medo porque tudo que é em excesso não é saudável, mas amor não é comida. Saudável tem que ser tudo que alimenta o corpo, ele é o que alimenta a vida.

Encontros

Eu odeio quando me beijam, para depois querer me conhecer melhor. Meu querido, você devia me conhecer até sentir vontade de me beijar.

O que é o tempo quando se tem a eternidade?

– Sobre o quanto eu posso te amar

Esse amor nasceu condenado a morrer
então não me fale sobre esperança
pois condenada a dor também estou eu
por mantê-la
em vão

– Por que você, Romeu?

Eu precisava falar,
mas da minha voz eu fugi
com dificuldade de verbalizar
de dizer o que senti
de fato, sem ti senti
mas por não conseguir te dizer
escrevi

– Pelo menos agora você sabe

Colide
Colidir

Dois mundos diferentes
uma colisão
dois mundos diferentes agora quebrados
estilhaços
acho que nunca vamos caber no mesmo espaço

Restos de nós
sós
pó
explosão intergaláctica
do que uma vez foi inteiro
e que agora
mesmo que em pedacinhos
ainda brilha
e ilumina
um mundo inteiro

Várias galáxias e eu aqui
mesmo quando permanecer
significa me destruir
mesmo quando sua presença
ilumina e faz partir
      (me partir)

Meu coração explodiu e seus pedaços agora são estrelas
[cadentes
e assim, toda vez que eu caio
me torno luz e esperança pra alguém
que se vê em mim e me vê também

Acho que descobri como salvar a alma de uma poeta
e sabe, nem é tão dolorido
minha dor sendo luz no infinito
eu te ilumino e brilho

– E ainda tem gente que não sabe ler o céu

Eu sei que manter esse sentimento dói
eu sei que sempre vai doer
não é como se eu tivesse escolhido
eu apenas sinto
existo

Então, como salvar a alma de uma poeta?
você não pode
nós nascemos assim
com todos os sentimentos do mundo
e embora não sejamos o mundo
cabe um mundo inteiro dentro de nós

Nós que se desfazem e nos deixam livres
livres do aperto no peito
que de tanto doer alcança o lado direito
como se houvesse dois corações
e ainda assim não fosse o suficiente

Porque esse sentir pesa
e à medida que o coração acelera
eu corro também
fujo da responsabilidade
de cativar o que não devia
um príncipe me alertou um dia
maldita erva daninha

E essa dor só se alivia por escrito
assim como estrelas cadentes
que no céu viram rabiscos
eu me transformo em texto

sou livro
pois não me coube dentro de mim
aí eu acabei vazando aqui

– Nasce uma poeta

EPÍLOGO

Eu estou com medo do meu próprio livro. Eu estou com medo de olhar para ele e ele me olhar de volta. Ele me conhece, por dentro, e isso é assustador! Eu nunca estive tão exposta.

Mas, por que ele me assusta? Por que é tão difícil olhar para ele e deixar que ele também me veja? Ele não vai me julgar, pior! Ele me conhece. Ele me viu desarmada; eu contei para ele quando estive ameaçada; eu me despi. E agora, não consigo deixar que ele me veja – nua, crua, muda; tudo já foi dito. Não me sobrou ao menos um grito, eu estou sem voz. Todas as letras eu deixei com ele e agora ele pode falar "você é uma grande boca aberta" e eu nem sequer poderei me defender. Mas, por que eu precisaria me defender? Por que eu ainda preciso me atacar? Por que é tão difícil admitir nossas fraquezas, erros e aceitar nossas imperfeições? Por que dói olhar para uma cicatriz? – *Não dói, né? Só nos fizeram acreditar que doía e que esse tipo de marca tinha que ser escondida.* Mas, agora, eu sei que cada marca, sejam elas no meu corpo ou na minha alma, fazem parte de mim – exatamente como são e me permitem ser exatamente como sou: imperfeitamente humana, mas completamente poeta. Uma dualidade que poderia ser fatal mas, ao invés disso, as cicatrizes apenas funcionaram como um mapa, me ensinando a construir cada página.

Então, eu olhei para o meu livro, ele olhou para mim. E eu sorri. Tanto se aprende quando você finalmente entende o seu caminho a seguir.

Querida poeta,

eu não sabia como te salvar até entender que era eu quem precisava ser salva – só que pelas minhas próprias mãos que, trabalhando em conjunto com o seu coração, acabou por salvar a nós duas.

ÍNDICE DE POEMAS E PRIMEIROS VERSOS

A POETA QUE HABITA EM MIM 9

    Eu não aguento mais sentir 11
    Como diminuir a dor do mundo em mim 12
    Destruída 13
    Sufixo 14
    Bloqueio criativo 15
    O silencioso gotejar das lágrimas 16
    Blábláblá de cada noite 17
    Tentei fugir de mim 18
    Resposta automática 19
    (des)ordem alfabética 20
    Quando a alma dói 21
    Asfixia 22
    Prova de amor 23
    A gota d'água sobre a ferida recém-aberta 24
    Para salvar a alma de uma poeta 25

MEIO HUMANA QUE SOU 27

    Desperta(dor) 29
    Quem é livre? 33
    Eu tenho um corpo 34
    Meu relógio sem ponteiros 35
    Como se fôssemos máquinas 36
    Vestindo quadrados 37
    Culpa 38
    Quando tento tocar minha sensibilidade 40
    Ana 41
    Eu sou parte do infinito 43
    Voar 44
    Sent(ir) 46
    (Re)nascimento 47

DISSE-ME A POETA 51

    Um conselho da poeta 53
    Asas 54
    E se...? 55
    A persistirem os sintomas o coração deverá ser calado 56
    Band-aid 57
    Estas alegrias violentas têm fins violentos... 58
    Processo 59
    Coração de vidro 60
    Eu amo escrever 62
    Disse-me a poeta (*sem dó nem piedade*) 63
    Querido soldado de armadura 65

MEIO HUMANA, MEIO POETA E UM CORAÇÃO PARA CADA
METADE. EU SINTO TUDO EM DOBRO 67

    Segue em meu coração 69
    Corações partidos 70
    Erupção 71
    Em um piscar de olhos 72
    (in)undação 73
    Uma redoma quebrada 74
    O voo a dois 75
    Quando falta uma parte 77
    Polinização 78
    E mesmo no meio de todos 79
    Eu não estou pedindo uma âncora 80
    Posse 81
    Negação 82
    A verdade entre parênteses 83
    Das mais estranhas formas de amar 84
    Por que você, Romeu? (I) 85
    – Prazer, Rosa 86
    Noitálogo 87
    Eu gosto de sorrisos que brilham 88
    Desequilíbrio 89
    Sobre nós e nós 90
    Contraditório 91
    Aliança 92

Seu nome é meu inimigo 93
Você e eu 94
Duplo sentido 95
Ressaca 96
Sorr(indo) 97
O fim da seca 98
Eu continuo perdendo pessoas que nunca tive 99
Luto 100
Fração 101
O Teorema 102
Backup 103
E eu tenho medo 104
Encontros 105
Sobre o quanto eu posso te amar 106
Por que você, Romeu? (II) 107
Pelo menos agora você sabe 108
Colidir 109
E ainda tem gente que não sabe ler o céu 110
Nasce uma poeta 111

Epílogo 113

COLEÇÃO POESIA ORIGINAL

Quadripartida	PATRÍCIA PINHEIRO
couraça	DIRCEU VILLA
Casca fina Casca grossa	LILIAN ESCOREL
Cartografia do abismo	RONALDO CAGIANO
Tangente do cobre	ALEXANDRE PILATI
Acontece no corpo	DANIELA ATHUIL
Quadripartida (2ª ed.)	PATRÍCIA PINHEIRO
na carcaça da cigarra	TATIANA ESKENAZI
asfalto	DIANA JUNKES
Caligrafia selvagem	BEATRIZ AQUINO
Na extrema curva	JOSÉ EDUARDO MENDONÇA
ciência nova	DIRCEU VILLA
eu falo	ALICE QUEIROZ
sob o sono dos séculos	MÁRCIO KETNER SGUASSÁBIA
Travessia por	FADUL M.
Tópicos para colóquios íntimos	SIDNEI XAVIER DOS SANTOS
Caminhos de argila	MÁRCIO AHIMSA
apenas uma mulher	ALICE QUEIROZ
a casa mais alta do coração	CLARISSA MACEDO
Pidgin	GABRIELA CORDARO
deve ser um buraco no teto	CAMILA PAIXÃO
caligrafia	ALEXANDRE ASSINE
kitnet de vidro	DIULI DE CASTILHOS
Para salvar a alma de uma poeta	LAINARA

© 2024 Lainara.
Todos os direitos desta edição reservados à Laranja Original.

www.laranjaoriginal.com.br

Edição Filipe Moreau
Projeto gráfico Marcelo Girard
Revisão Caroline Lainara
Produção executiva Bruna Lima
Ilustração da capa Thais Trindade
Diagramação IMG3

Dados Internacionais de Catalogação na Publicação (CIP)
(Câmara Brasileira do Livro, SP, Brasil)

Lainara
    Para salvar a alma de uma poeta / Lainara. -- São Paulo : Editora Laranja Original, 2024. -- (Poesia original)

    ISBN 978-85-92875-77-0

    1. Poesia brasileira I. Título II. Série.

24-218495   CDD-B869.1

Índices para catálogo sistemático:
1. Poesia : Literatura brasileira B869.1
Eliane de Freitas Leite - Bibliotecária - CRB 8/8415

Laranja Original Editora e Produtora Eireli
Rua Isabel de Castela, 126
05445-010 São Paulo SP
contato@laranjaoriginal.com.br

Papel Pólen Bold 90 g/m² / *Impressão* Psi7 / Book 7 / *Tiragem* 200 exemplares